Publicado por Angelique Stefan, Los Ángeles, CA.

Con ayuda de un experto en asesoría legal. Este libro es verdadero y correcto basándose en el conocimiento del editor. El autor es liberado de cualquier responsabilidad del resultado de este libro. Son consejos basados en experiencias personales.

Para obtener permiso para utilizar

cualquier cosa de este libro, debe ponerse en contacto con el editor y hacer la petición por correo electrónico en:

RoyalBethalineBoutique@gmail.com

Diseño de la cubierta: Diseñado por el autor.

Los créditos para la edición en español van a:

**Sonia Saldana Millan**

Correo electrónico:

Sonia08820@gmail.com

# Inteligencia Artística

## "Cómo desbloquear al artista dentro"

*Por*

*Angelique Stefan*

Artística Inteligencia
"Cómo desbloquear al artista dentro"

# Introducción

Artística Inteligencia
"Cómo desbloquear al artista dentro"

Hay muchos libros que hablan de sombrear. Este libro está aquí para enseñarte a sombrear solamente. No muchos pueden dominar el sombreado después de seguir comprando libros. No es fácil enseñar a la gente a dibujar o sombrear. El autor revela y expone un atajo. No más lectura durante largas horas sobre cosas que aún no puedes entender. El autor inventó una fórmula de escala de calificación para enseñarle cómo dominar el sombreado en menos de la mitad del tiempo. Todo lo que debes hacer es seguir todas las pautas y ejercicios, y tú también serás capaz de sombrear. Aprendiendo esta plantilla será el punto de partida de poder dominar el sombreado. Ella llamo al modelo "El milagro del sombreado". Aprenderás algunos calentamientos que lo harán suficiente para dominar lo que pretendes hacer.

# Contenido

Artística Inteligencia
"Cómo desbloquear al artista dentro"

Artística Inteligencia
"Cómo desbloquear al artista dentro"

# Capítulo 1

## "Maestro del Arte"

Artística Inteligencia
"Cómo desbloquear al artista dentro"

¡Aprender a hacer sombreado para retratos, objetos y paisajes es mucho más fácil de lo que crees! Te enseñaré cómo dominar el sombreado para cualquier cosa que se te ocurra. Todo lo que necesitas hacer es dominar lo que te muestro y verás los cambios en tu trabajo. No hay necesidad de aumentar la cantidad inútil de información y hablar sobre cuando el sombreado es mucho más simple. Recomendaría dibujar algo primero con lo mejor de su capacidad para poder usarlo y compararlo con el trabajo futuro. También te mostraré los lápices a utilizar para que puedas obtener la mejor calidad en tu contraste. Esto realmente puede traer cierto potencial de ingresos.

¿Puedes imaginar tus copias autovendidas de la obra original? Si respondiste a ti mismo "no o aún no", entonces te verás diferente al final de este libro. ¡Esa respuesta se convertirá en un "definitivamente!" Quiero decir que nada de esto puede salir mal. El precio promedio de un gran paquete de papel en blanco va entre $0.99 centavos a $10.00 dependiendo de cuántas hojas obtenga. Cientos de dibujos se pueden crear y duplicar tantas veces como desee. La gran parte de esto es que no gastarás demasiado sólo para hacerlo realidad. Con los mismos materiales podrás usarlo para más de un gran número de hojas antes de que te quedes sin nada.

El cielo es el límite a la hora de vender y todo es ganancia. Aquí es cuando te das cuenta de que la gente paga por lo que está en la mente. Ahora, este libro sólo está aquí para ayudarle a dominar el sombreado. Explicaré brevemente otras cosas como el contraste, la iluminación, el resaltado y la ayuda de aplicar el sombreado para crear un pliegue 3D. Habrá discusiones sobre algunos de los elementos que puede utilizar para ayudarle a crear un mejor aspecto y sacar más potencial. Te invito a probar mis métodos sin juicio. No seas tan duro contigo mismo. Relájate, respira hondo y encéndete. Imprima 7 de las mismas imágenes en blanco y negro de su elección. Debe ser una foto que puedes escribir y arruinar. Trate de elegir algo que no tenga demasiada complejidad para que podamos centrarnos en mostrarle cómo dominar la parte de sombreado primero.

# Capítulo 2

## "Suministros y cómo funcionan"

Artística Inteligencia
"Cómo desbloquear al artista dentro"

Hay paquetes de cajas pequeñas en las tiendas que llevan lápices. ¿Cuál es el adecuado para el tipo de calidad que desea producir? Bueno, nunca hay un bien o un mal, es lo que funciona o no funciona. Se trata sólo de la calidad que está apuntando. Hay muchas cajas y marcas diferentes. Lo principal que alentaría es encontrar una caja que lleve diferentes grados de lápiz o escalas de lápiz. Para hacerlo más fácil, mire la parte superior de los lápices y encuentre la siguiente información; 8H, 7H, 6H, 5H,

21

4H, 3H, 2H, H, F, HB, B, 2B, 3B, 4B, 5B, 6B, 7B, 8B. Cada lápiz debe tener un número y una letra juntos. El tipo que acabo de mencionar se llama la escala HB o la escala de grafito HB.

Ahora, podría haber más en la escala que no mencioné, pero esto te ayudará a superar tu intención. Hay algunas cajas que llevan la mitad de la que mencioné. Esto también está bien. Lo que suelo hacer es que obtengo todos los demás sólo para mantener las cosas bajo el presupuesto y aún así obtener los resultados que estoy buscando. Mis lápices de dibujo favoritos son lápices "Staedtler Lumograph Drawing and Sketching". Deberían estar en casi todas las tiendas de arte.

Ahora permítanme preguntarles esto, ¿alguna vez han encontrado alguna de las calificaciones de estos lápices? ¿Tal vez sólo uno? Si la respuesta es "no", entonces piense de nuevo. El lápiz número 2 es lo que has usado toda tu vida, incluso en la escuela. Es realmente el HB en la escala. Por lo tanto, usted tiene algún tipo de experiencia ya, usted simplemente no era consciente de ello. Ya sabes cuanto más duro presionas, más oscuro es en el papel, o más claro es tu trazo, entonces el más claro está en el papel. ¡Lo ves! ¡Lo tienes! Es sólo que el número 2 se puede etiquetar de manera diferente cuando se trabaja con la escala de calificación llamada escala numérica de grafito para lápices. Lo mismo redactó diferente.

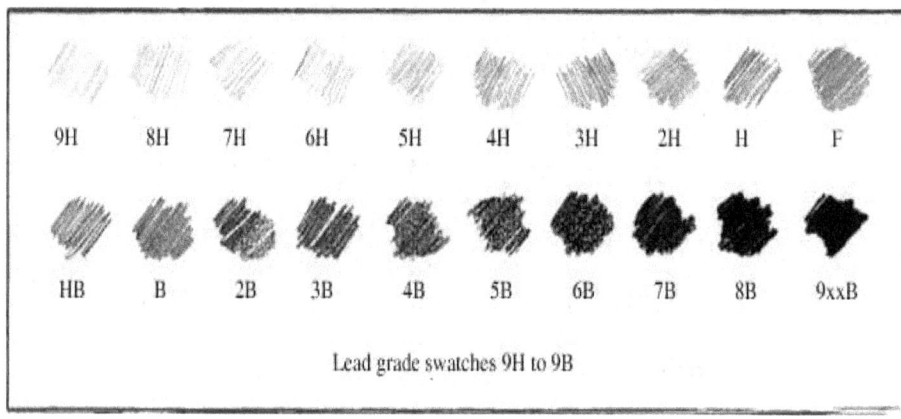

Lead grade swatches 9H to 9B

https://pencils.com/hb-graphite-grading-scale

## *Lápices explicados*

Aquí hay una gran referencia que encontré que ayudará a ensanchar su mente en lo que cada lápiz puede hacer a medida que continúe explicando. De esta manera, comenzará a entender el objeto visual a medida que continúa leyendo. Los lápices que normalmente obtengo son HB, 6B, 4B, 2B, HB, 2H, 4H, 6H. Tienen diferentes conjuntos de cajas, depende de usted en lo que se siente. Recomiendo los mismos que uso. En cualquier lugar intermedio se puede mezclar y combinar. Vamos a entrar en detalles sobre los lápices. La "H" significa duro, que sale ligero sobre el papel. Cuanto mayor sea el número que está al lado de la "H", entonces el encendedor que es. La "B" significa negrita o negra. Cuanto mayor sea el número que está al lado de la "B" entonces el más audaz y oscuro que es. El lápiz HB número 2 está justo en medio de todo. Basta con echar un vistazo más de cerca a la imagen de escala y verá lo que cada lápiz está listo para hacer.

Algunas otras buenas herramientas para intentar y comenzar son:

- Tocones de papel (algunos son de doble extremo)
- Billones
- Borrador blanco y un borrador amasable (ambos)

- Escudo de borrado de acero inoxidable
- Puntero de papel de lija
- Cinta de artista
- Papel de grafito (opcional)
- Sacapuntas
- Cepillo de polvo del artista (opcional)
- Spray de capa transparente fijador para artista (opcional)

### Los suministros explicados

El spray fixativo de capa transparente se utiliza para añadir una protección permanente a su trabajo de arte para que el lápiz no desaparezca y la calidad se mantenga. Trate de rociar esto en algún lugar fuera y use una máscara para que no respire esos productos químicos. La cinta del artista es genial ya que tiene menos adhesivo para proteger su trabajo de ser dañado. Debe tener cuidado incluso al tirar de la cinta. El cepillo de polvo se utiliza para desempolvar lo que borras para que no uses las manos y cometas un error difícil de arreglar.

Dibujar puede ser desordenado y limpiar el polvo con las manos puede provocar daños.
El escudo de borrado de acero inoxidable es genial cuando se quiere borrar una porción muy pequeña. Este escudo puede evitar que borres más de

lo previsto. El puntero de papel de arena puede ayudarle a lijar se descontrolen el exceso de trabajo y la oscuridad sobrante de toda la mezcla cuando se utilizan los tocones de papel, para darle una capa fresca. El borrador amasable es como una textura elástica. Ayuda a aclarar un poco el sombreado en caso de que te hayas oscurecido demasiado. Puede saldar el área que desea aligerar.

# Capítulo 3

## *"Antes de los ejercicios"*

Artística Inteligencia
"Cómo desbloquear al artista dentro"

Hay cosas específicas que necesitas aprender y hacer antes de comenzar o completar un dibujo. Una de las cosas que explicaré es que cada lápiz es responsable de crear un tono diferente con-en la escala de degradado. El ejercicio que está a punto de hacer, le ayudará a memorizar tonos y practicar los golpes de las manos. De esta manera, cuando te acerques a tu dibujo, tendrás una idea más grande de qué esperar al intentar completarlo. Nuestras manos y

33

dedos tienden a endurecerse durante las etapas iniciales de un dibujo. No te preocupes si aún no puedes hacerlo, este libro te ayudará.

Cuando está dibujando, es importante permitir que sus dedos sean ligeros y flexibles. Saber cuándo añadir presión y cuándo liberar presión. Esto permitirá que su accidente cerebrovascular se vuelva más ligero y menos pesado o lo contrario. De esta manera aprenderás a manipular el lápiz y puedes crear un efecto de oscuridad a luz. Trate de dibujar una línea con más presión y a medida que comienza a moverse, obtener su presión de la mano un poco más ligero. Hazte aún más ligero a medida que avanzas. De esta manera verás el efecto de la oscuridad a la luz. Siempre puedes probar la misma técnica hacia atrás donde vas de la luz a la oscuridad sólo para aflojar los dedos. Las curvas oscuras a claras también ayudarán a que la mano y los dedos se aflojen.

Bien, ahora que te familiarizaste con eso, te mostraré el siguiente paso para prepararte para el ejercicio de calentamiento real. Con el arte, el objetivo es conseguir que el sombreado sea lo más suave posible. En el realismo, no hay incoherencia en el sombreado. O bien el tono es sólido y todo un tono plano sin importar el tono que sea, o el sombreado va de claro a oscuro. Así que coge un papel y cualquier lápiz que te guste. Luego, dibuja una línea que muestre de la oscuridad a la luz. Ahora, aquí es donde se pone difícil. Quiero que copies esa línea exacta justo al lado de la que acabas de hacer. No deje sin espacios abiertos en el medio y coincida tanto como pueda con el mismo trazo y tono. Repita este ejercicio durante unas 5 líneas y verá cómo esto está empezando a unirse. Todo esto está aquí para ayudarte hasta que aprendas a manipular los lápices y algunos de los suministros de arte. Te animo a utilizar los tocones de papel para el sombreado. Realmente puede ayudar a su sombreado a suavizar.

Otra forma de suavizar el sombreado, especialmente cuando se utilizan los lápices en negrita es usar un número de grado de lápiz con la "H" y dibujar sobre él. Esto realmente ayuda a sombrear manchas que faltan muy pequeñas que los lápices audaces anteriores no podían llenar. Por ejemplo, si "6B" se ve irregular y no fue capaz de cubrir puntos muy menores sin importar cuánto lo hayas intentado, entonces cualquier "H" lo cubriría. Ayudaría a esparcir la "B" porque la "B" es más suelta. Este método sólo se utiliza si ya ha afilado los lápices y todavía no ha sido capaz de entrar en algunos detalles muy pequeños.

Sé muy paciente. El objetivo es la calidad. Tómate tu tiempo. Tome tantos descansos como necesite. Cuantos más descansos tomes, más podrás ver lo que necesitas. Esto se debe a que le diste un descanso a tus ojos y cuerpo. El cerebro se cansa. Evite crear abolladuras tanto como sea posible. Esto se evita dibujando en capas. Cuantas más capas añadas sin presionar fuerte, más suave y más oscuro podrás hacer que se vea mientras te tomas tu tiempo. Siempre es mejor construir el aspecto. Si no ve el tono que desea, siempre puede volver atrás y agregar otra capa.

Es bueno calentar y aflojar los

dedos. Hay algunas prácticas de accidente cerebrovascular que puede shacer para ayudar a mejorar su sombreado. Una vez que aprendes el sombreado, entonces aprender más arte se vuelve un poco más fácil. Comprender oscuro a claro realmente te ayudará al siguiente paso en el arte. Especialmente cuando se puede dominar la calidad que le gustaría.

## Calentamientos de escotillas cruzadas:

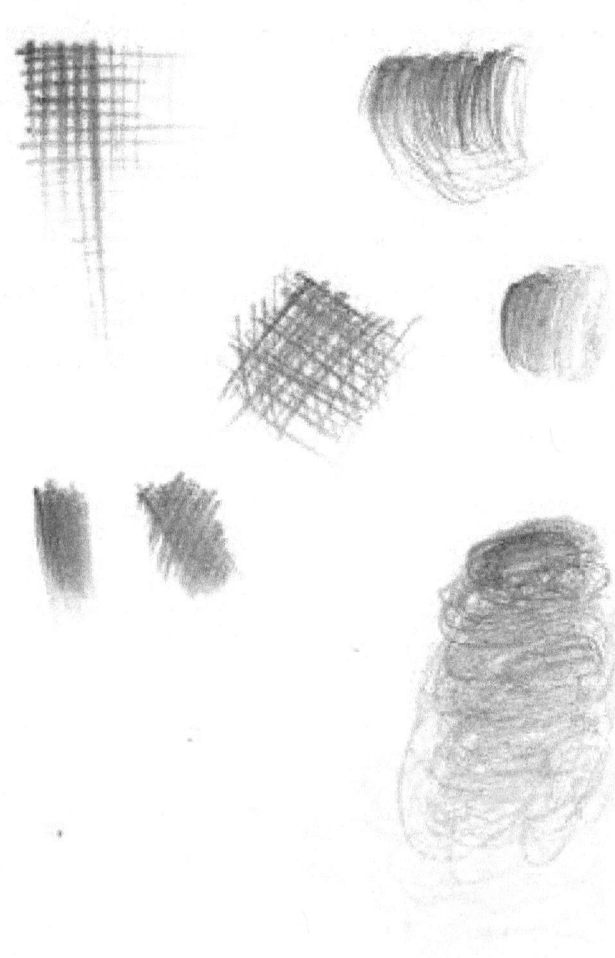

# Capítulo 4

## "El gráfico milagroso"

Artística Inteligencia
"Cómo desbloquear al artista dentro"

42

En una hoja de papel en blanco, dibuje un par de círculos. Trate de dibujar al menos 8 círculos con un diámetro de 1 1/2 pulgadas. También agregue 2 rectángulos. Uno que es de 4 pulgadas de ancho por 1/2 pulgada de alto. El último rectángulo tendría un ancho de 7 pulgadas por 1 pulgada de alto. Lo que haremos ahora es escribir sobre el círculo y añadir un degradado de lápiz cada uno. Debería tener este aspecto:

43

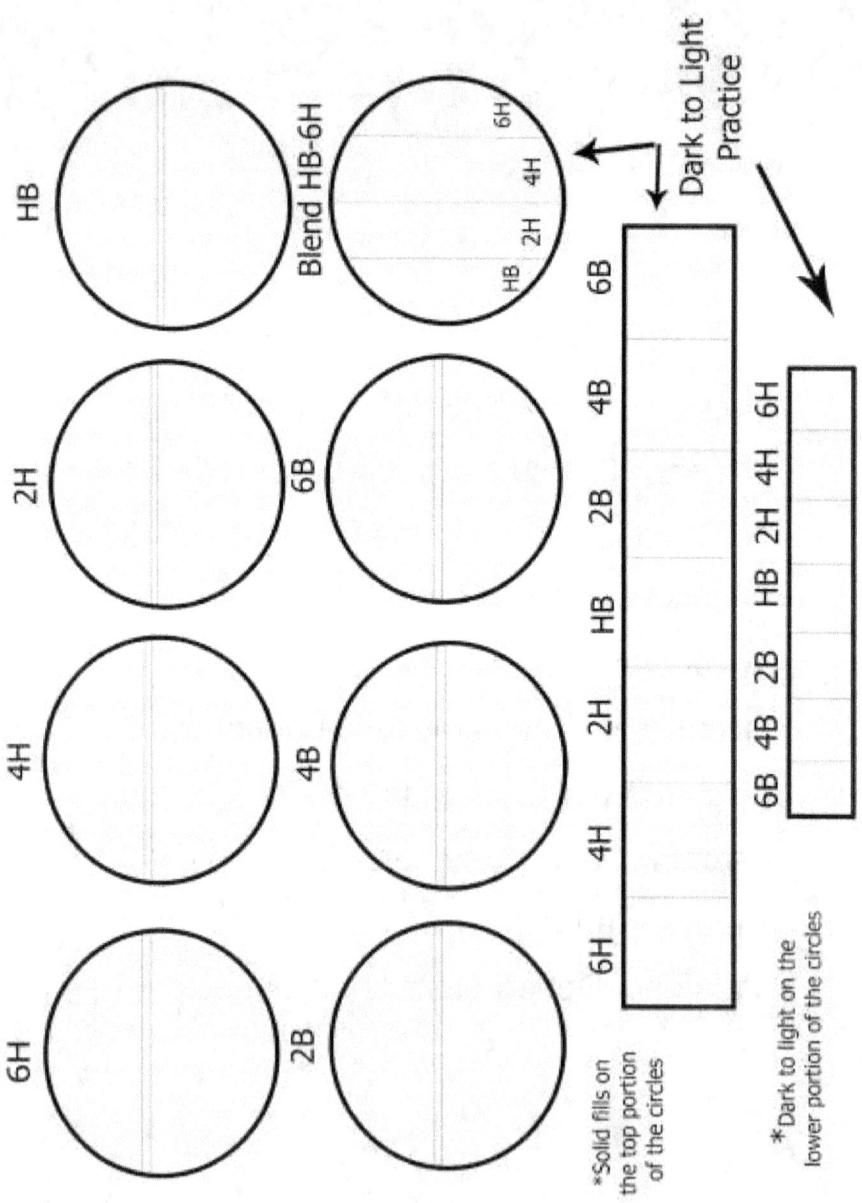

*Hacia el final de este libro adjunté una copia de una hoja de calentamiento en blanco, para que pueda fotocopiarla en su lugar. De esta manera puede ahorrarle tiempo.*

Creé este gráfico y lo nombré "The Miracle Graph. " Aquí hay una idea de cómo se debe completar el calentamiento:

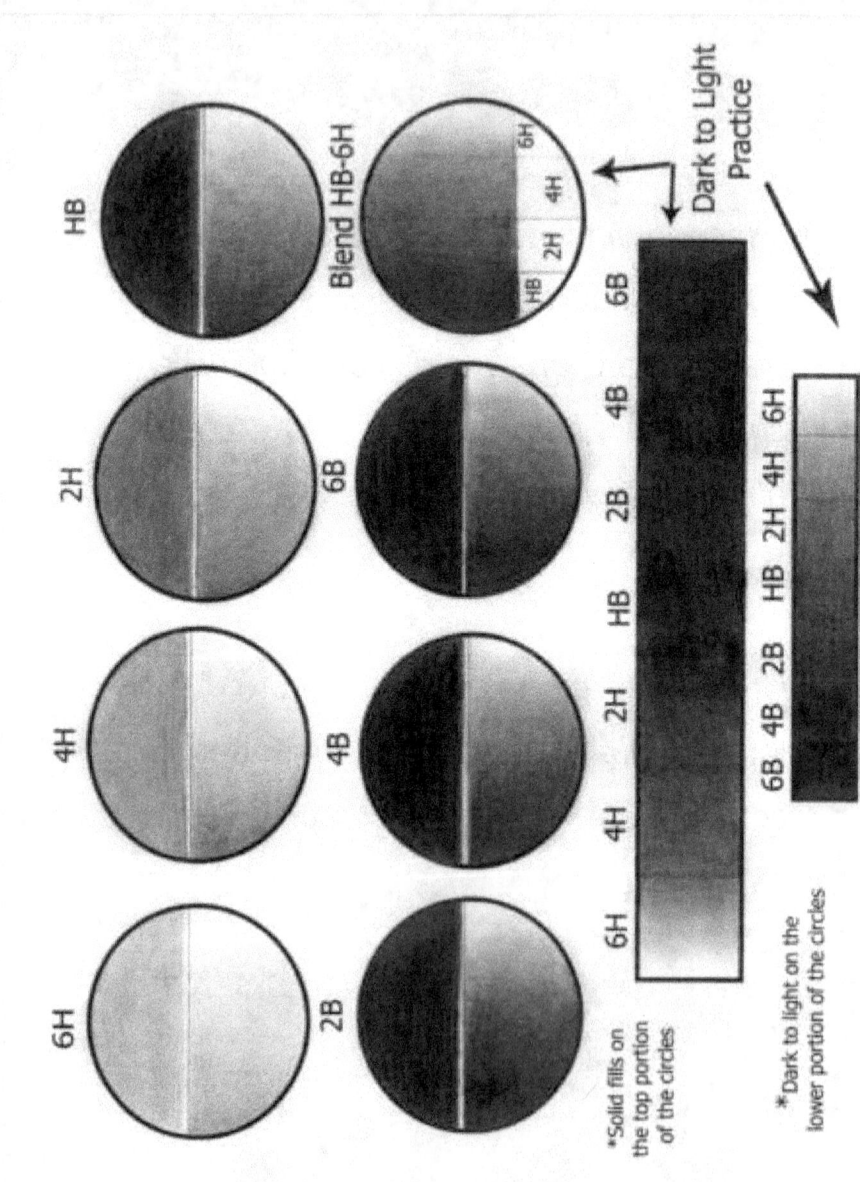

Evita los calentamientos del gráfico
Miracle para que se vean así si dices
que es tu pieza terminada:

HB

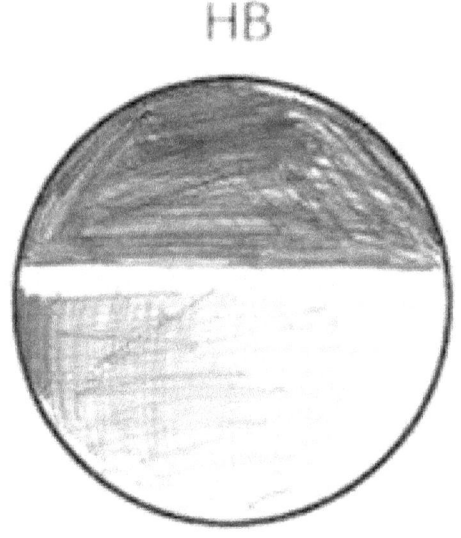

*Una buena manera de arreglar esto si no está seguro, es primero detener lo que está haciendo. A continuación, utilice el gráfico anterior para recordarle cómo imitar ese tono. Sólo lápiz en las pequeñas áreas de agujeros vacíos y lo empareja con las líneas a su alrededor. A continuación, puede utilizar el billón o el muñón de papel para mezclarlo y suavizarlo. Trate de usar el muñón de papel o billones después de tratar de llenar con lápices. Se verá mejor.*

Antes y después:

Otro ejercicio sería hacer unas pocas líneas sólidas de todos los tonos. Luego agarras el muñón de papel y lo pasas por encima, comenzando desde el lado oscuro del trazo del lápiz y lo mezclas hacia la parte más clara. Verás esto empezando a construir un agradable efecto de sombreado oscuro a claro. De esta manera usted se familiarizará con los suministros.

# Capítulo 5

## *"Sombras y luz"*

Artística Inteligencia
"Cómo desbloquear al artista dentro"

Por lo tanto, tenga en cuenta que la luz está siempre en el lado opuesto de donde está la oscuridad. Siempre es un pliegue o pliegue que crea esto. Un ejemplo es cuando estás mirando un retrato, y ves que debajo de la barbilla está oscuro y tiene una sombra. Entonces la barbilla es la curva que causó la formación de una sombra. Está oscuro porque está en la dirección opuesta a la luz. Cuando tengas algo de luz solar y mires detrás de ti, fíjate que tienes una sombra. Esto se debe a que su cuerpo está bloqueando la luz y no permite que el lado opuesto reciba luz. Todo depende de dónde la luz esté golpeando la imagen.

La oscuridad o la sombra siempre está en la dirección opuesta. Hay momentos en los que las sombras son borrosas o afiladas. A veces, hay más de una dirección en la que la luz está golpeando, por lo que crea algunas sombras. Cuantomás más detalles observe y preste atención, más 3D será su arte. Tómese unas horas a todo el día o la semana, simplemente haga observación. Hágase muchas preguntas.

Algunas buenas preguntas serían "¿qué lápiz me ayudará a obtener ese tono? ¿Qué golpe de mano me ayudará a obtener esa textura? ¿Qué tipo de bordes tiene esa sombra?" Cuantas más preguntas te hagas sobre cómo dominarías ese detalle, más tu mente comenzará a capturar cómo hacer el proceso. Se trata de entrenar tu mente para memorizar tonos y visualizarte mentalmente repetidamente acercándote al dibujo paso a paso. Para cuando llegues a dibujar la imagen real, estarás más preparado mentalmente para hacerlo con más confianza.

Por lo tanto, vamos a meditar en la imagen y tomar notas. Ahora, quiero que hagas 7 copias de tu imagen elegida. La copia número 1 se utilizará para enseñarle la primera observación. Coge un lápiz, bolígrafo o marcador para este ejercicio. Los invito a rodear todos los aspectos más destacados de la imagen.

La copia número 1 no se escribirá en ella.

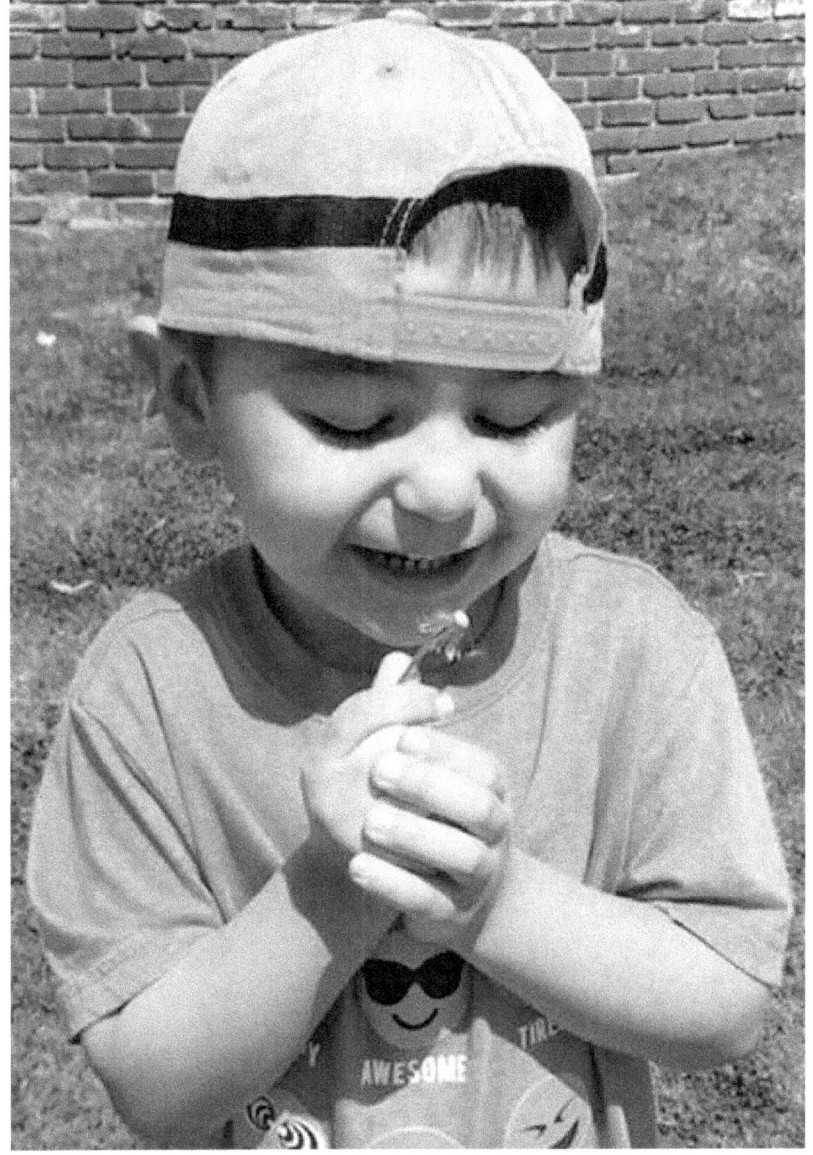

57

Coge la copia número 2. Círculo de todos los aspectos más brillantes. Debería tener este aspecto:

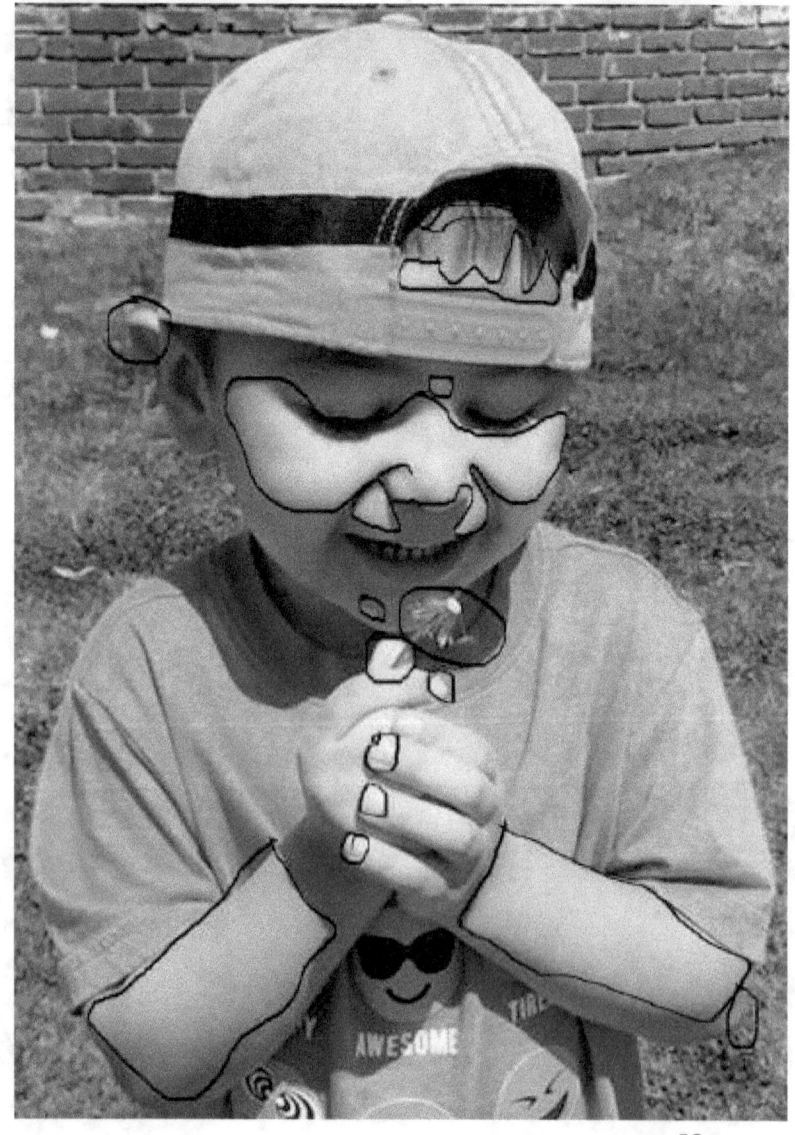

Ahora, en este ejercicio, quiero que tomes la copia número 3 y circule todas las partes más oscuras de la imagen. Así:

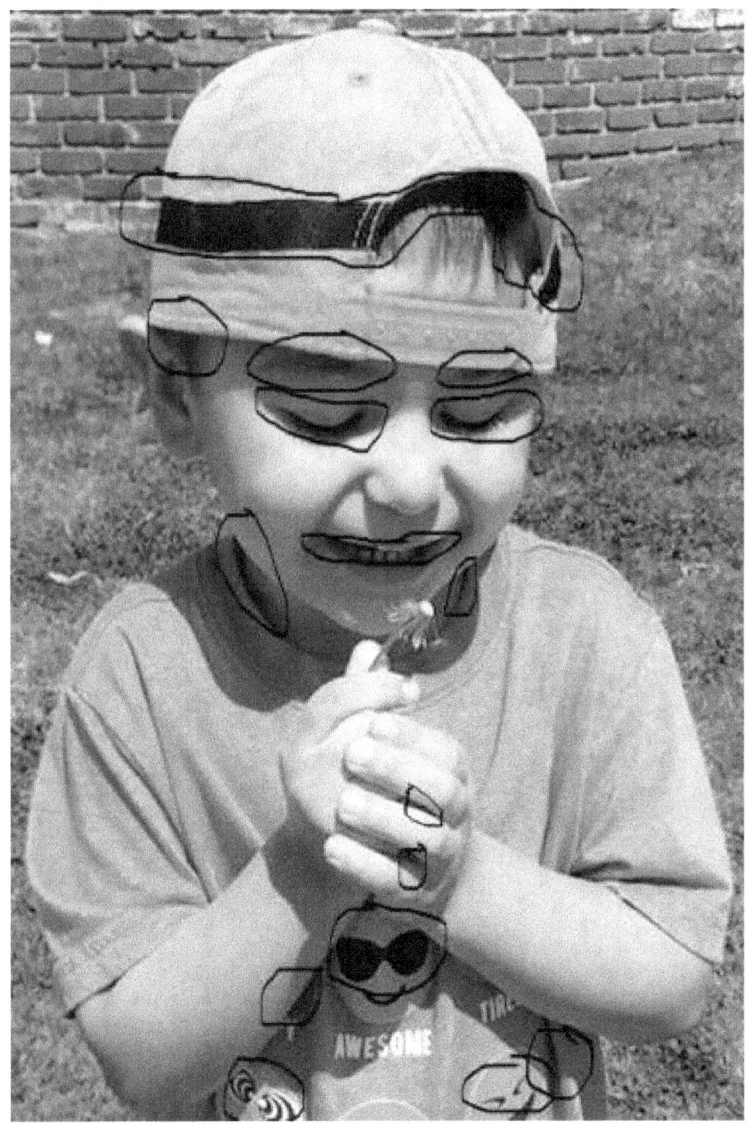

agarra copia número 4 y rodea todos los
tonos centrales de la imagen. Como éste:

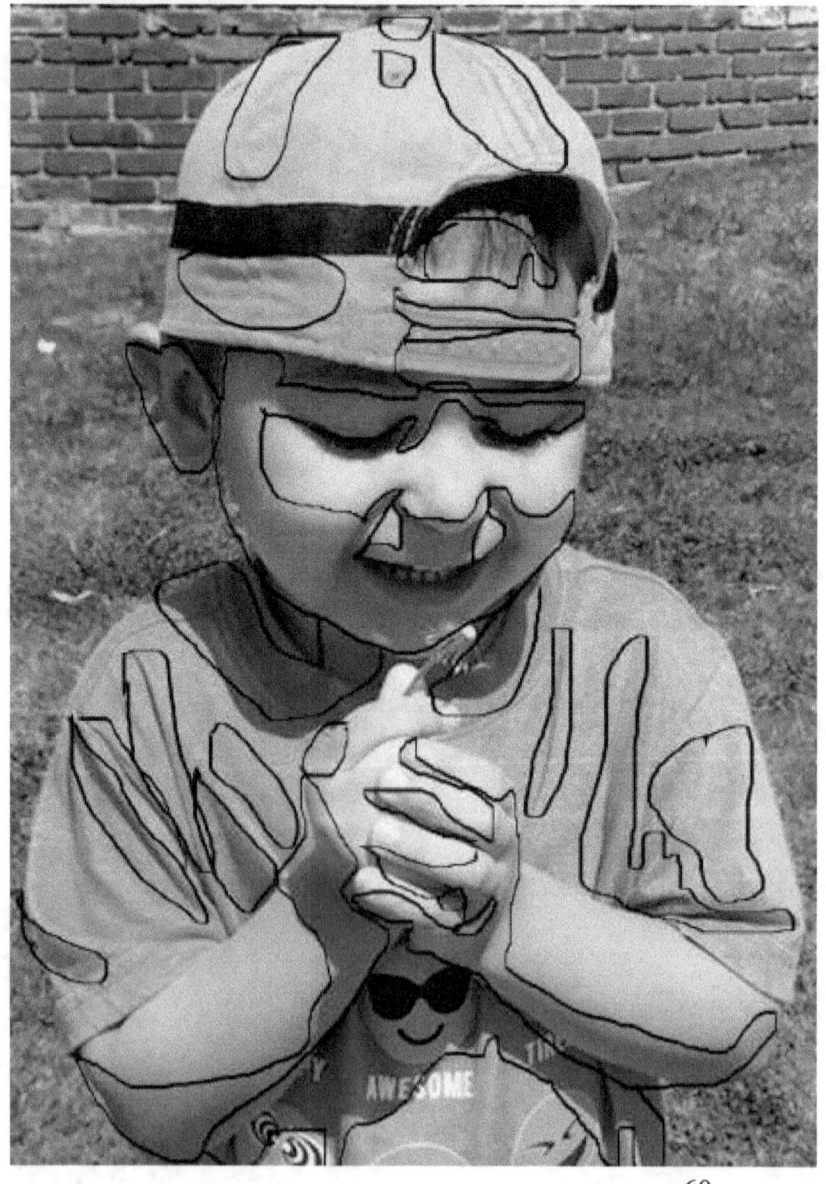

* *agarra copia número 5 y con lápiz, pluma o marcador, tratar de etiquetar lo mejor posible. Etiquételo con el lápiz de escala de grado que usapara imitar ese tono de imagen que hizo con el gráfico milagroso. Las páginas siguientes serán ejemplos compartidos.*

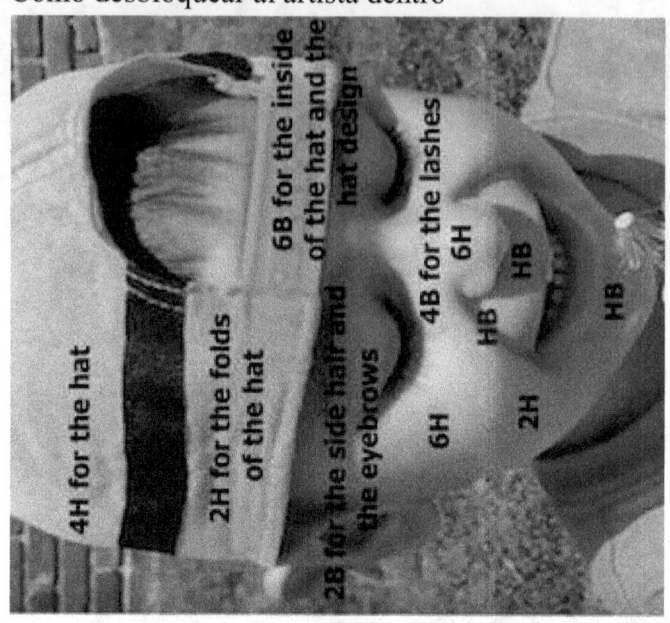

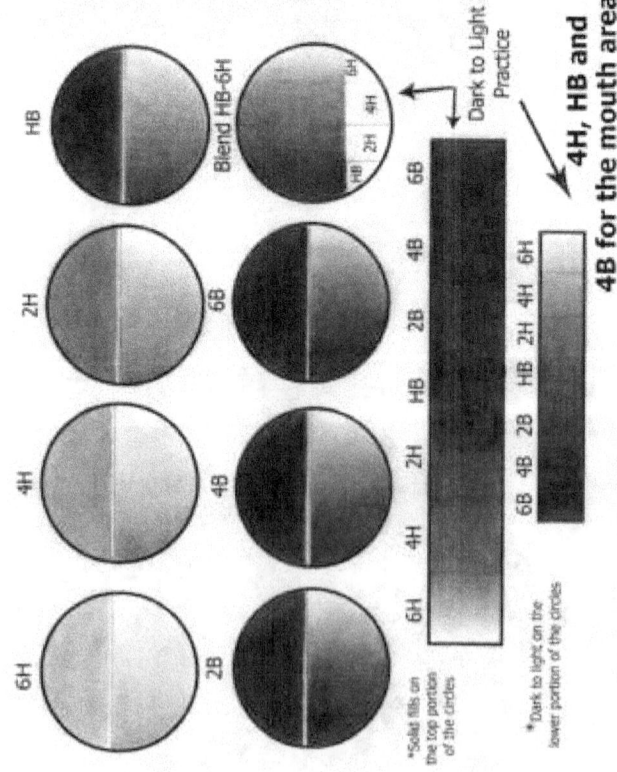

*Comparar la imagen con el ejercicio de calentamiento de escala de grises que hizo en el capítulo anterior. ¿Ves cómo la escala es similar?

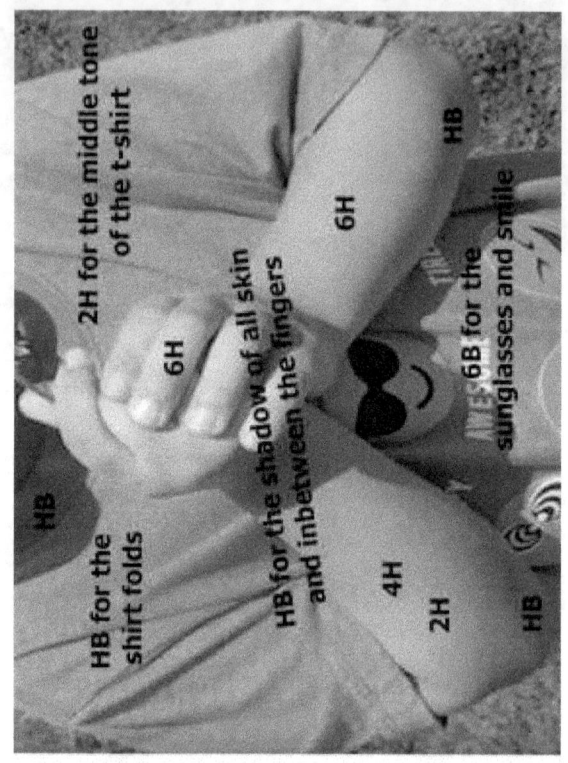

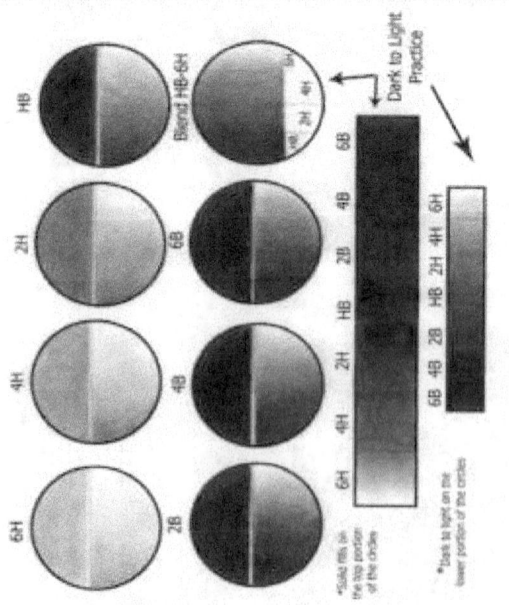

Una vez que pases por todos estos ejercicios, podrás detectar diferentes tonos, reflejos, contraste y cómo transferir la imagen. También ya sabrá qué suministros utilizar.

# Capítulo 6

## "Preparación y transferencia"

Artística Inteligencia
"Cómo desbloquear al artista dentro"

Ahora, con el propósito de mostrarles cómo sombrear, los invito a trazar la imagen en blanco y negro que eligió. Hay diferentes maneras de transferir la imagen. Te diré algunas y podrás elegir cómo quieres hacerlo. Puede utilizar el papel de grafito. Esto es muy desordenado y si se presiona demasiado duro mientras se rastrea, el rastro puede ser difícil de borrar y desaparecer con las mezclas. Coloque el papel en blanco en una mesa o tablero sólido y agregue un trozo muy pequeño de cinta a al menos dos de los bordes del

69

papel en blanco. De esta manera no se mueve mientras se realiza el seguimiento. A continuación, agregue el papel de grafito en la parte superior del papel en blanco.

Asegúrese de colocar la parte del grafito frente al papel en blanco. Obtienes la copia número dos y la colocas en el papel de grafito. Agregue un pequeño trozo de cinta en la parte superior de la imagen elegida y en un solo lado de la imagen. Sería más fácil ver lo que queda al levantar la imagen. Si lo haces de esta manera la imagen no se moverá, y puedes sentirte libre de levantar y comprobar según sea necesario. Me gusta usar un bolígrafo de diferentes colores al hacer el rastreo, así que puedo realizar un seguimiento de lo que ya pasé. Usa lo que te haga más fácil y mantente alejado de los marcadores. Se trata de desarrollarte y encontrarte como artista. Así que, adelante y traza todo lo más ligero posible.

Lo que me facilita determinar qué sería agregar círculos, líneas y "X" a lo largo de la imagen. De esa manera usted sabe lo que permanece brillante y vacío o muy ligeramente sombreado. Para las zonas muy oscuras, puedo acercarme a ella un poco más pesada para que sea un poco más audaz. Las "X" serían para las zonas más oscuras. De esa manera sé que esas áreas son la parte más oscura de la imagen. Para los tonos medios, algunas líneas muy ligeras son buenas para que sepas que el tono está en el medio.

También puede utilizar una caja de luz y trazar con eso colocando la imagen debajo. Se recomienda para un ajuste más oscuro en la habitación para que pueda ver la imagen real a través del papel en blanco. Siempre grabe la imagen de fondo. La forma en que lo hacía cuando era muy poco desde que, realmente no teníamos mucho creciendo era, ¡grababa la imagen y el papel en blanco en mi ventana! ¡No estoy diciendo que hagas esto! ¡Estoy compartiendo un pedazo de mi infancia!

Rastree la imagen con el número de copia 6. Este es un ejemplo de cómo uno puede parecer. No hay bien o mal. Haz lo mejor que puedas y dibuja lo que veas, no lo que piensas. Cuando se trata de trazar, es cómo sientes que puedes lograr terminar la imagen. Como usted nota, con el ejercicio de calentamiento de escala de grises, ya ha esbozado esos tonos. Sólo tienes que entrenar tu mente sobre dónde colocarlos. Preste atención a los bordes duros o blandos. Aquí está una idea de cómo se vería después de hacer el seguimiento:

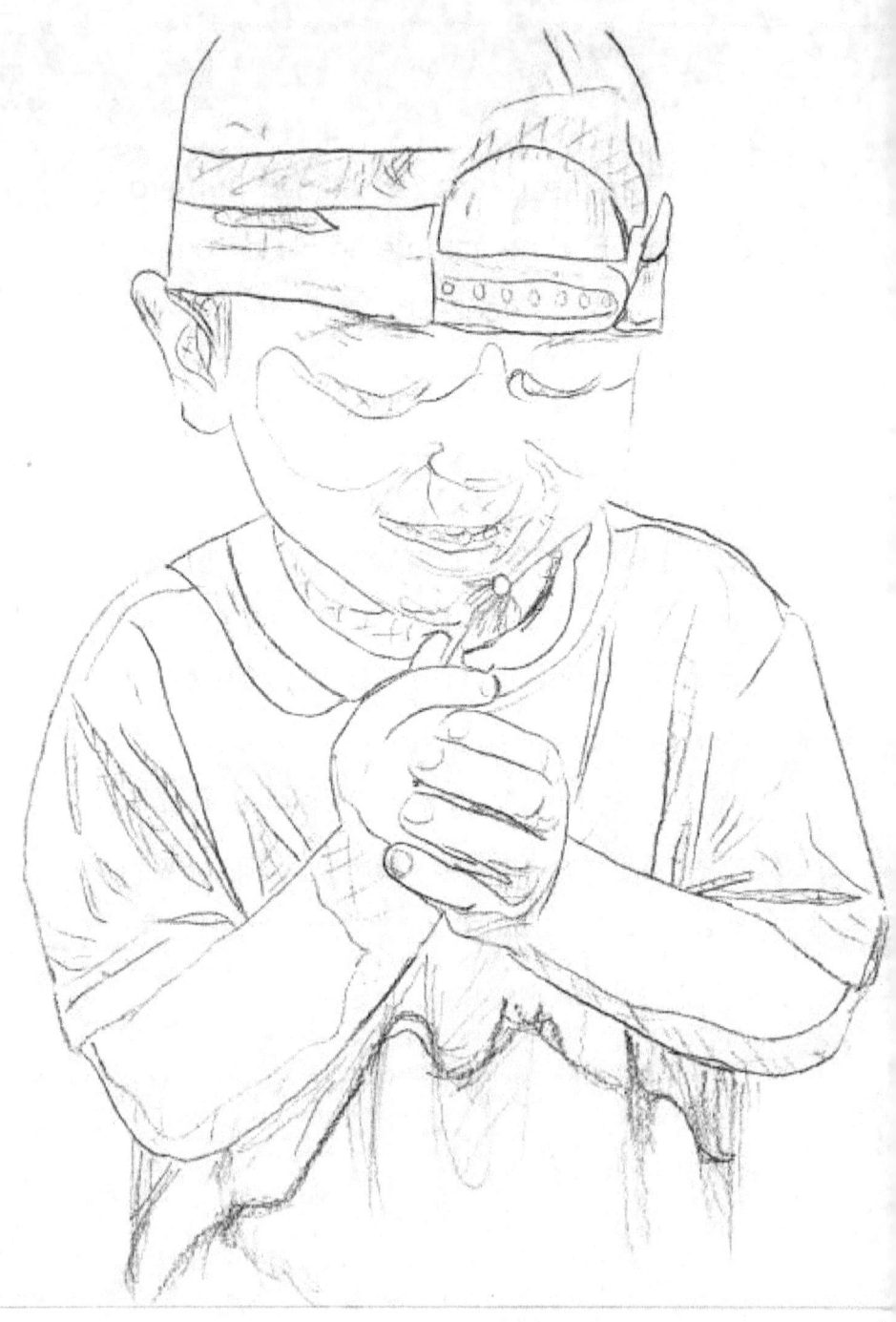

74

# Capítulo 7

## "Pon el sombreado a la práctica"

Ahora podemos hablar sobre cómo practicar el sombreado real usando la imagen elegida. Bien, lo primero es lo primero. Una cosa que debe tener en cuenta es que 3D no tiene esquemas. Mira alrededor de la habitación o del lugar en el que estás. Sólo medita y observa un poco. Estoy seguro de que no ves ningún contorno, sólo objetos, paisaje o personas. Genial, ¿cómo creamos el mismo realismo en el papel? Simple, empecemos a cavar. En primer lugar, es necesario dominar el sombreado y la mezcla porque es a partir de ahí que podemos poner en práctica lo que se enseñó.

Trate de no tener una mano pesada o presione demasiado en el papel. No queremos crear abolladuras. Esto arruinará la imagen especialmente si necesita borrar o aclarar una sección. Todas las abolladuras saldrán y destruirán la calidad. No olvides aligerar tu golpe de mano a medida que llegas a un tono más claro.

La misma copia que acabas de rastrear será la imagen que usaremos para armarlo todo. Siempre recomiendo comenzar con las áreas más oscuras, y luego te mueves hacia los tonos medios. De esta manera, desde los tonos medios se pueden desvanecer hasta un degradado más claro, de modo que el resaltado salga por sí solo. Desea dejar las áreas resaltadas en paz. Saldrán lentamente a medida que agregue más capas.

Usted no tiene que hacer que se vea extremadamente oscuro en su primer intento. Se trata de tener paciencia y construir el aspecto. Simplemente haz que las áreas marcadas que están marcadas para tener el degradado más oscuro sea un poco más oscuro. Llénalo y mapearlo así afuera

Para el proceso oscuro, utilice los lápices 4B a 6B. Después de oscurecer las áreas más oscuras, comenzará a verse así:

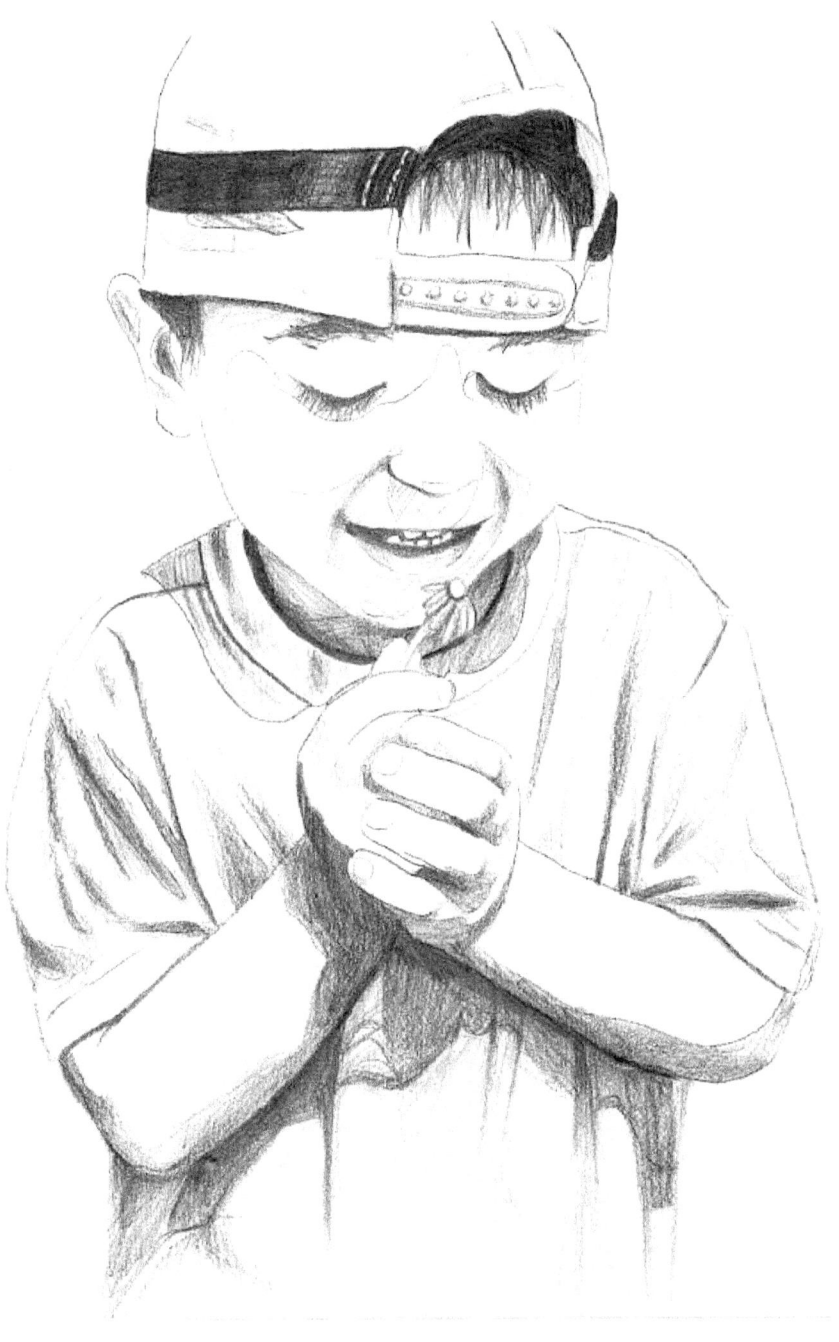

En el medio haciendo un pase sólido. A veces tendrá algunas marcas de inconsistencia. Esto está bien. Coge el muñón de papel y muy ligeramente, pasa a la derecha sobre todas las áreas oscuras como si volvieras a usar un lápiz. Mira cómo empieza a mezclarse. A continuación, haga el mismo proceso con los lápices para obtener un aspecto más oscuro. Repita el pase con el muñón de nuevo. Haz esto hasta que obtengas el tono oscuro que estás buscando.

Una vez que termines con eso, este es el momento en que utilizarás todos los demás lápices. Preste atención a capear el sombreado y la sombra es sólida o suave. Adelante, coincide con los tonos. Es más fácil empezar desde la oscuridad y trabajar su camino hacia todas las luces. Siga el gráfico de Sombreado de milagro.

Mira las copias de todas las imágenes, ir a través de las notas. Usando notas de etiquetar qué lápiz va con qué parte del tono de la piel, agarra ese lápiz real y comienza a dibujar en el área. Recomiendo siempre trabajar su camino de la oscuridad a la luz. Lápiz tan sólido como puedas y combina tonos. A continuación, pase el muñón de papel. Repite hasta que obtengas el tono que deseas. Desvanece de la oscuridad a la luz. Ten esto en cuenta todo el tiempo.

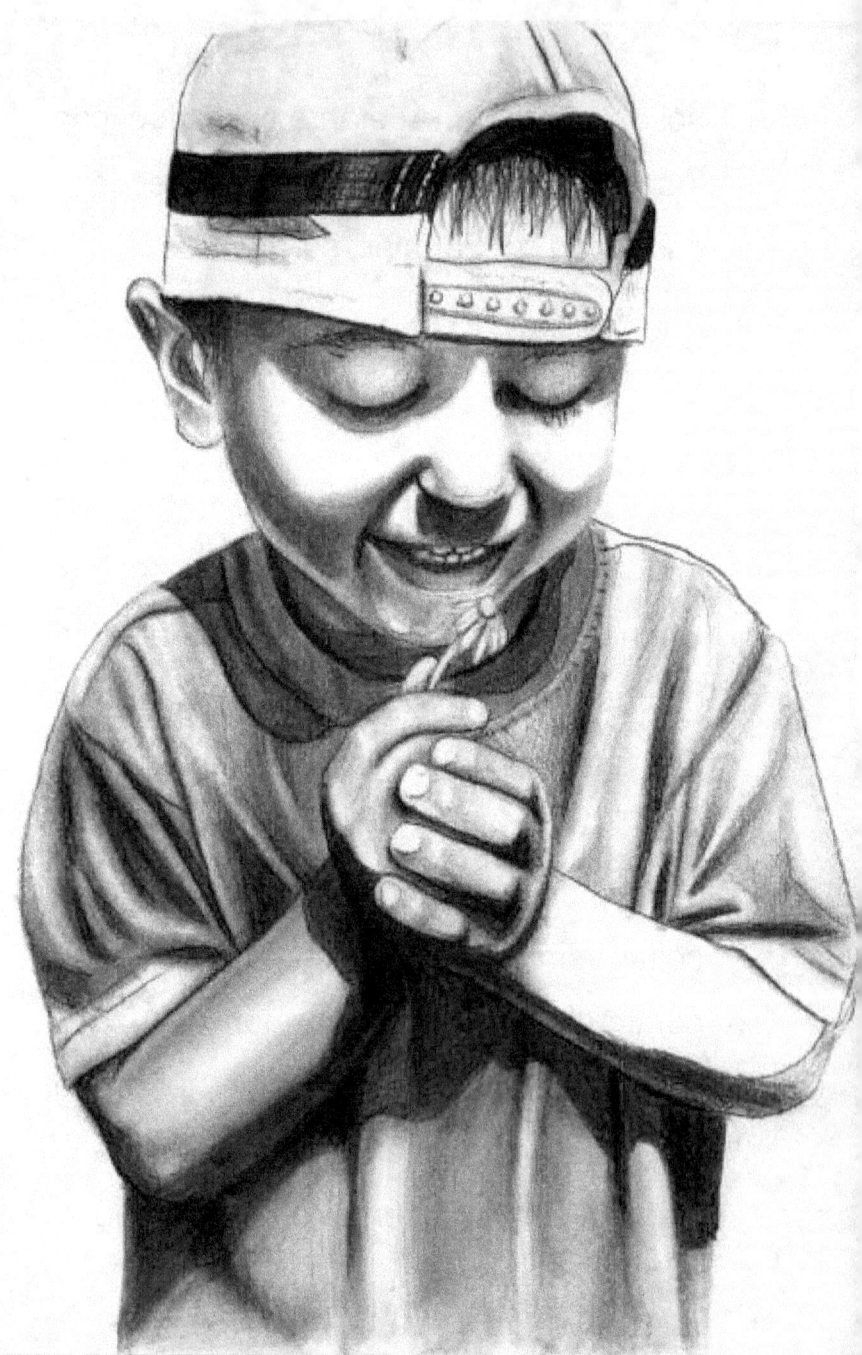

## Corregir un error rápido

Como pueden ver, he sombreado el brazo derecho del niño. Una buena manera de arreglar esto sería utilizar el borrador amasable. Este borrador es genial porque al atascada un poco, puede comenzar ligeramente a iluminar las áreas sobosas. Trate de no presionar demasiado. Los borradores regulares borrarán más de lo previsto.

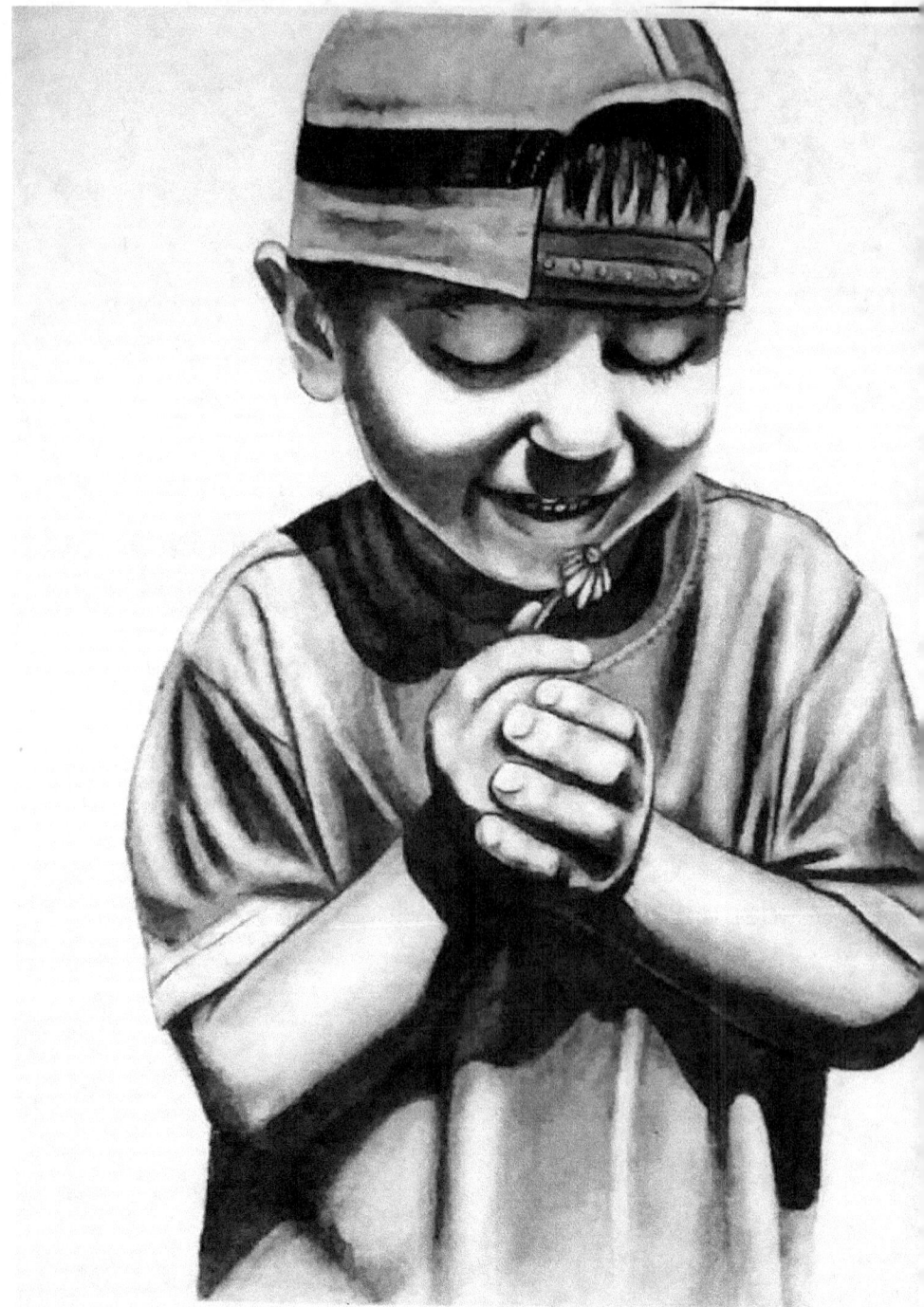

# Capítulo 8

## "Revisa lo que aprendiste"

Así que ahora, usted está un poco familiar para:

- *Sombreado*
- *Mezcla*
- *Suministros*
- *Transferencia de la imagen*
- *Seguimiento de la imagen*
- *Calentamientos y ejercicios*
- *Corregir un error*
- *Construir una mirada*
- *¿Cómo debe ser el sombreado*
- *resúmenes*
- *Contraste*
- *Sombras*
- *Tonos medios*

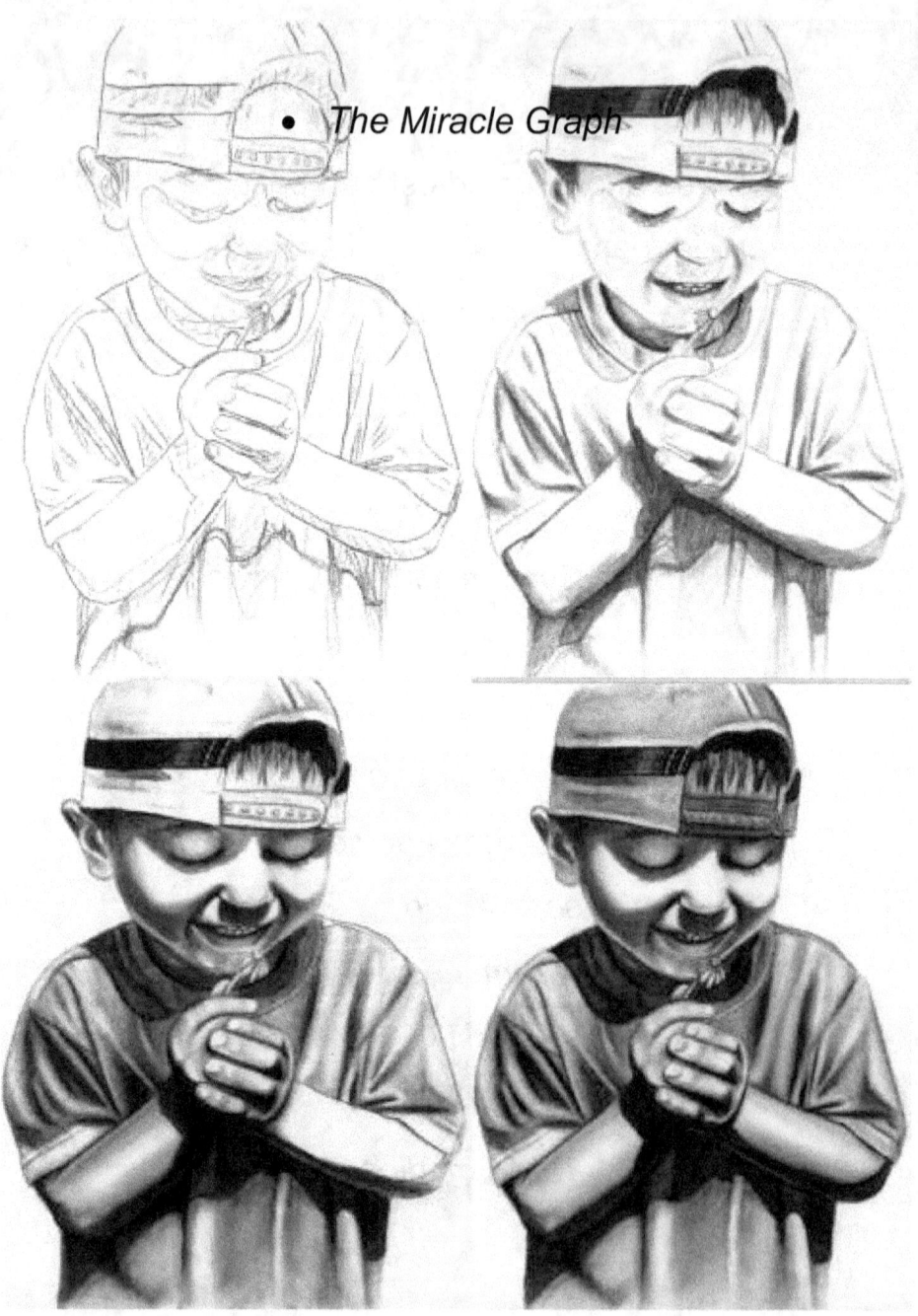

- *The Miracle Graph*

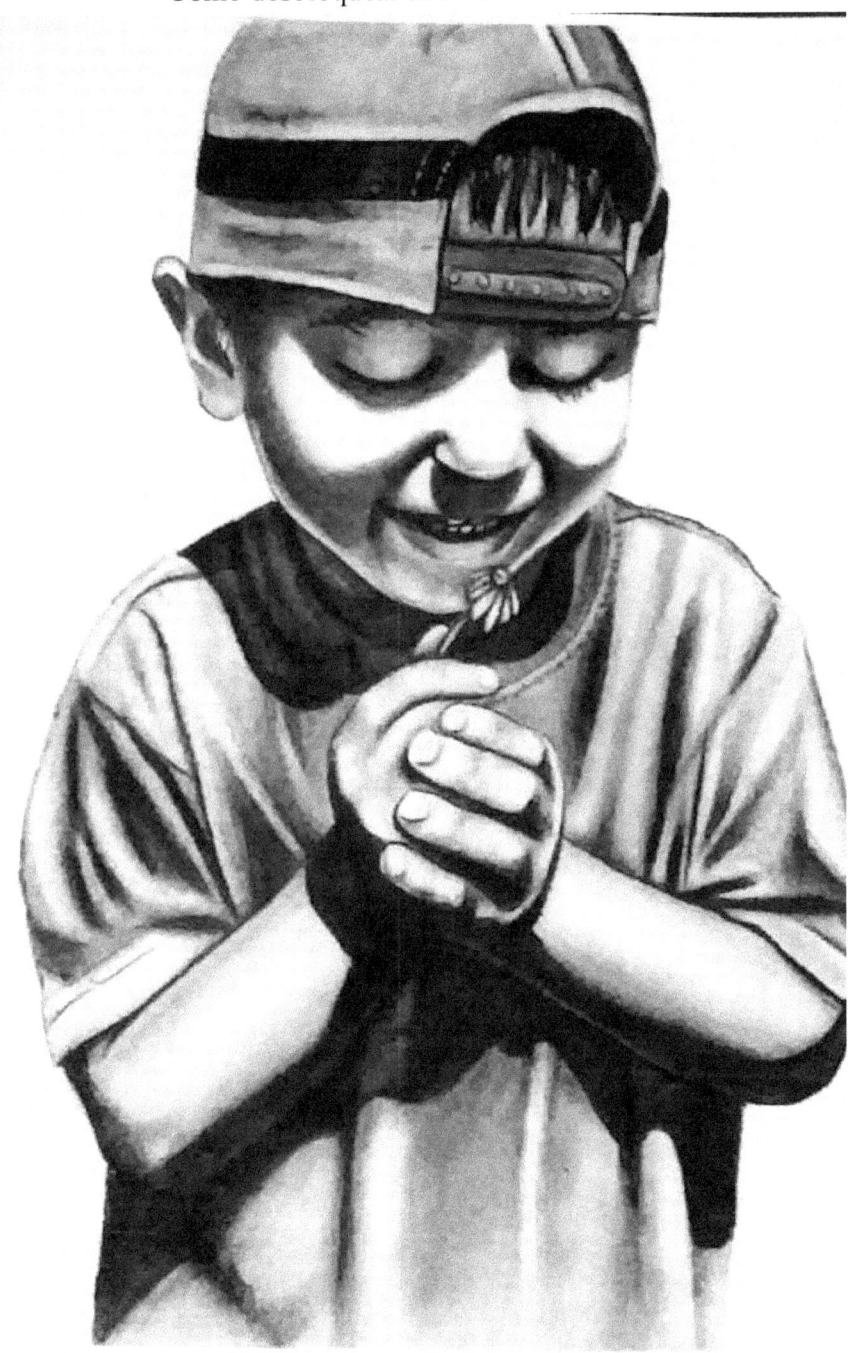

Agrandé el gráfico milagroso para que puedas hacer tantas fotocopias como quieras. De esta manera puedes llegar directamente al sombreado.

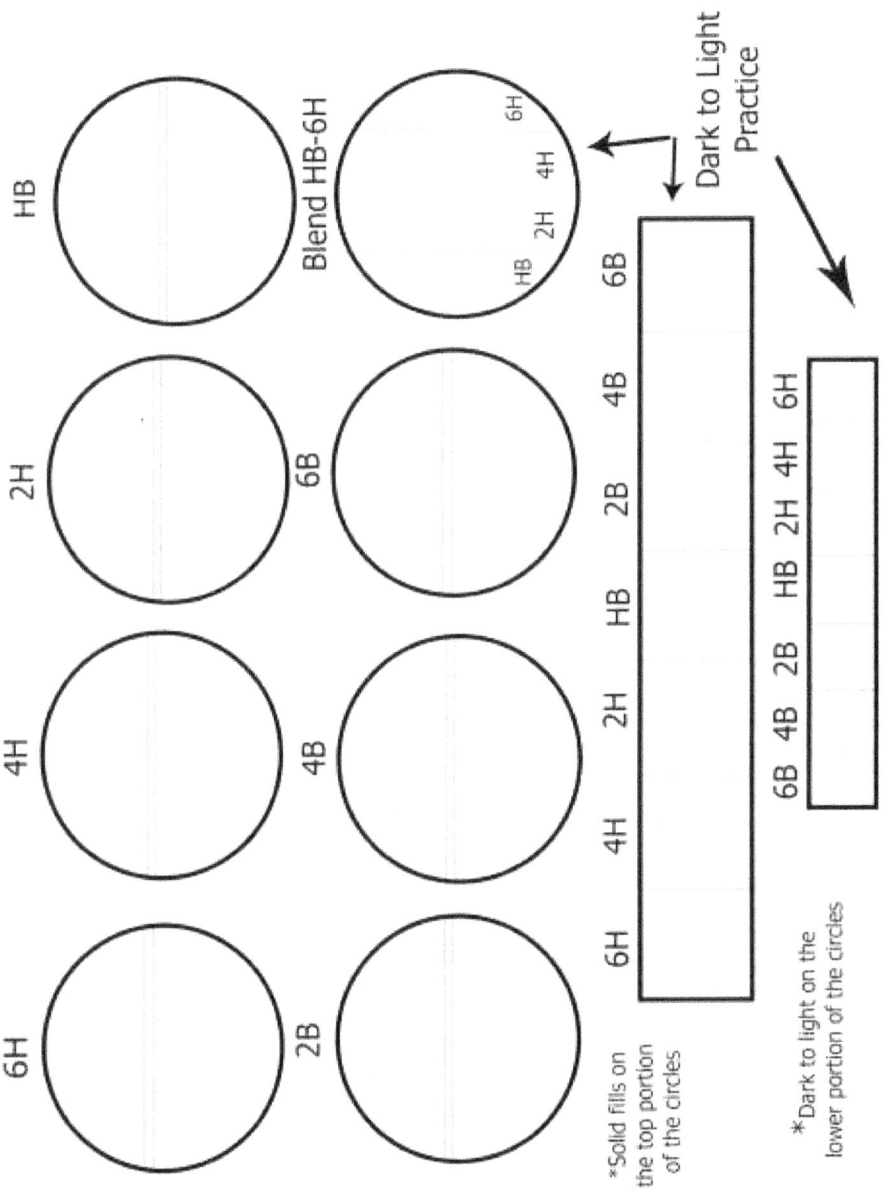

'

# Mensaje del Autor

Para aquellos que compren mi libro, le daré una hora libre de más explicaciones, comentarios y apoyo en su trabajo con preguntas y respuestas abiertas. Podemos ponernos en contacto a través de skype si significa ayudarle. Para concertar una cita, póngase en contacto conmigo por correo electrónico.

Por favor envíeme un correo electrónico a:

RoyalBethalineBoutique@gmail.com

Puedes encontrar más libros y audio libros de la autora Angelique Stefan en Amazon, Kindle, iTunes y Audible. ¡Sólo tiene que escribir el nombre del autor en la barra de búsqueda o escanear estos códigos QR para llegar allí!

Artística Inteligencia
"Cómo desbloquear al artista dentro"

Por Angelique Stefan

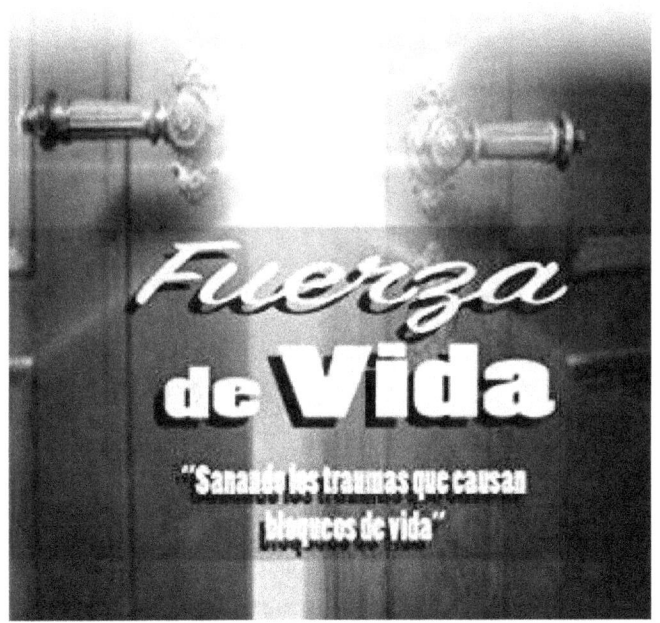

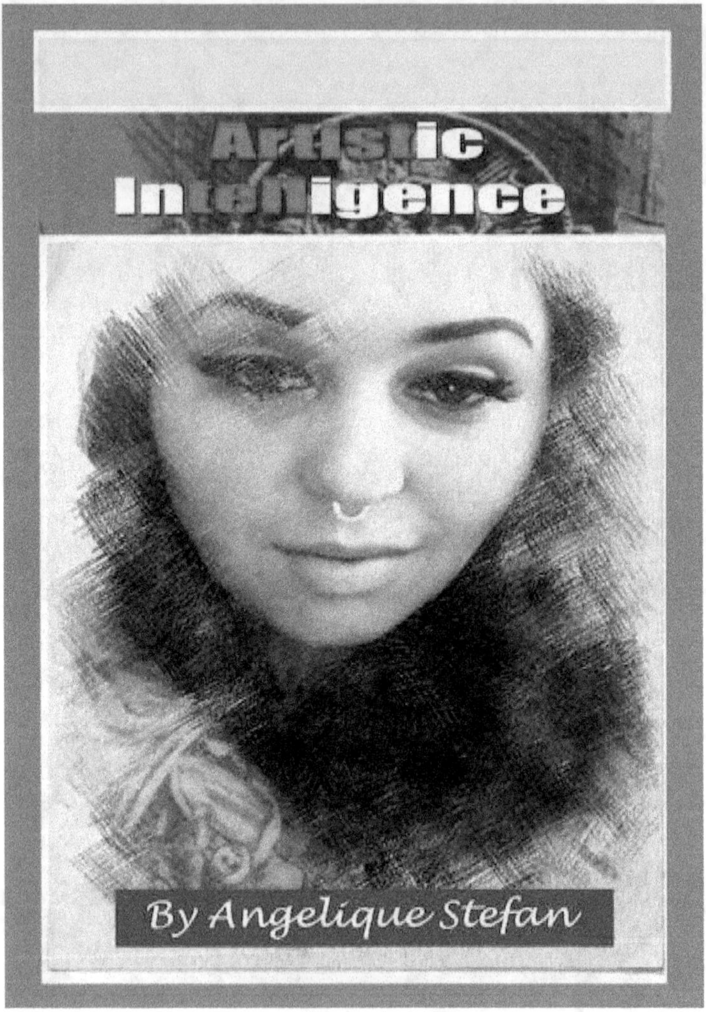

Artística Inteligencia
"Cómo desbloquear al artista dentro"

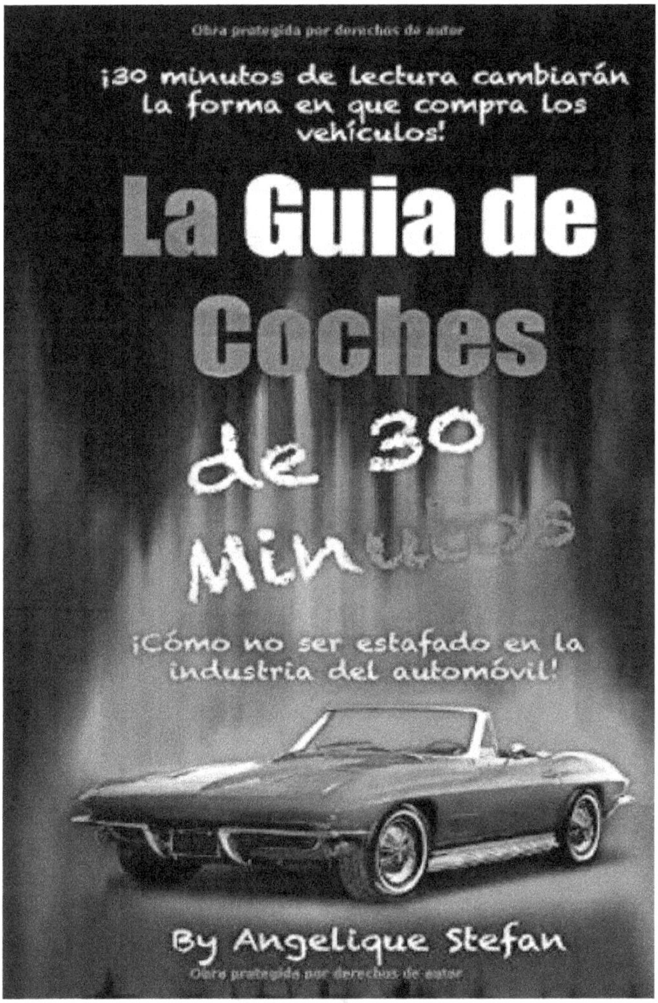

Angelique Stefan es una sanadora de energía psíquica. Para obtener más información sobre cómo permitirle ayudar a sanar la energía de sus cuerpos, puede escanear este código QR. ¡Te llevará directamente a su sitio web!

No olvides ver el programa llamado "Guess my Hustle". El autor apareció en un episodio de una hora de duración como un "artista visual y de tatuajes". Ella tuvo la suerte de que su libro aparece en este espectáculo!

# Agradecimientos

Artística Inteligencia
"Cómo desbloquear al artista dentro"

Ser artista no siempre es fácil, hay muchos problemas que pueden entorpecentes. Mi amigo PatrickRodriguez ha sido mi mentor espiritual desde hace varios años. Su especialización en la curación intuitiva de energía realmente me ha ayudado a lograr mis metas como artista. Invito a todas y cada una de las personas a permitir que alguien como él te ayude a alcanzar tus metas. No es que no lo tengas en ti, es un trauma que no te deja ver por encima del dolor. Una gran manera de entender todas las cosas con las que puede ayudarte es enviándole un correo electrónico a su sitio web o enviándole un correo electrónico.

Estos son los servicios que puede proporcionar para ayudarle a alcanzar sus metas de vida:

- *Curación con amor*
- *Limpieza de energía atascada*
- *Facilitar como empático*
- *Terapia de fragmentación del alma*
- *Liberación espiritual*
- *Equilibrio de Chakra*
- *Hipnoterapia*
- *Sanación Theta*

- *Curación de ángeles*

*"Liberando tu pasado, para abrir tu presente"*

-*Patrick Rodríguez*

Sitio web:

**https://soulhealingtherapy.com/**

Correo electrónico:

**patrick@patrickrodriguez.com**

www.ingramcontent.com/pod-product-compliance
Lightning Source LLC
Chambersburg PA
CBHW070358220526
45467CB00001B/431